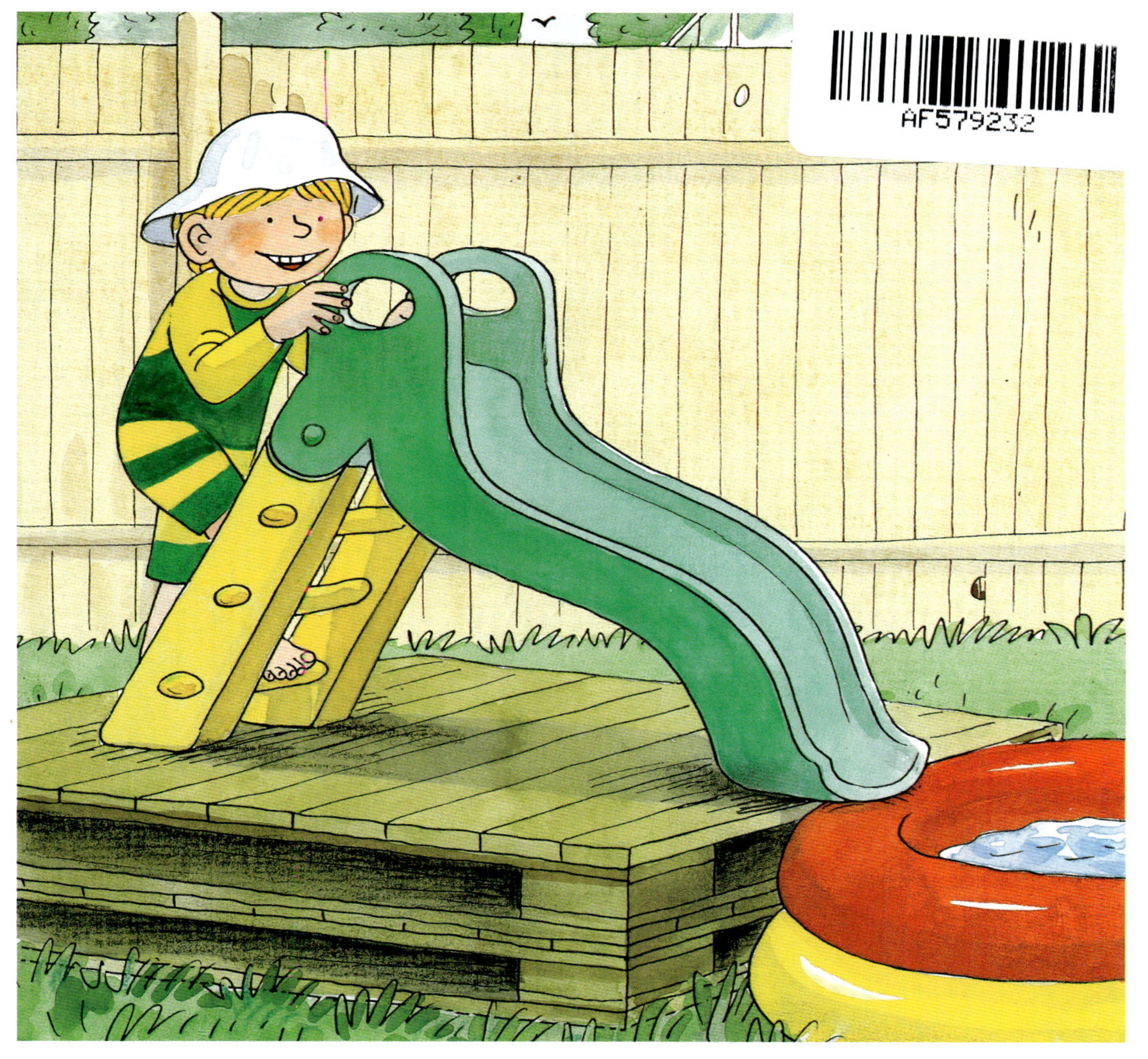

Up you go, Kipper.

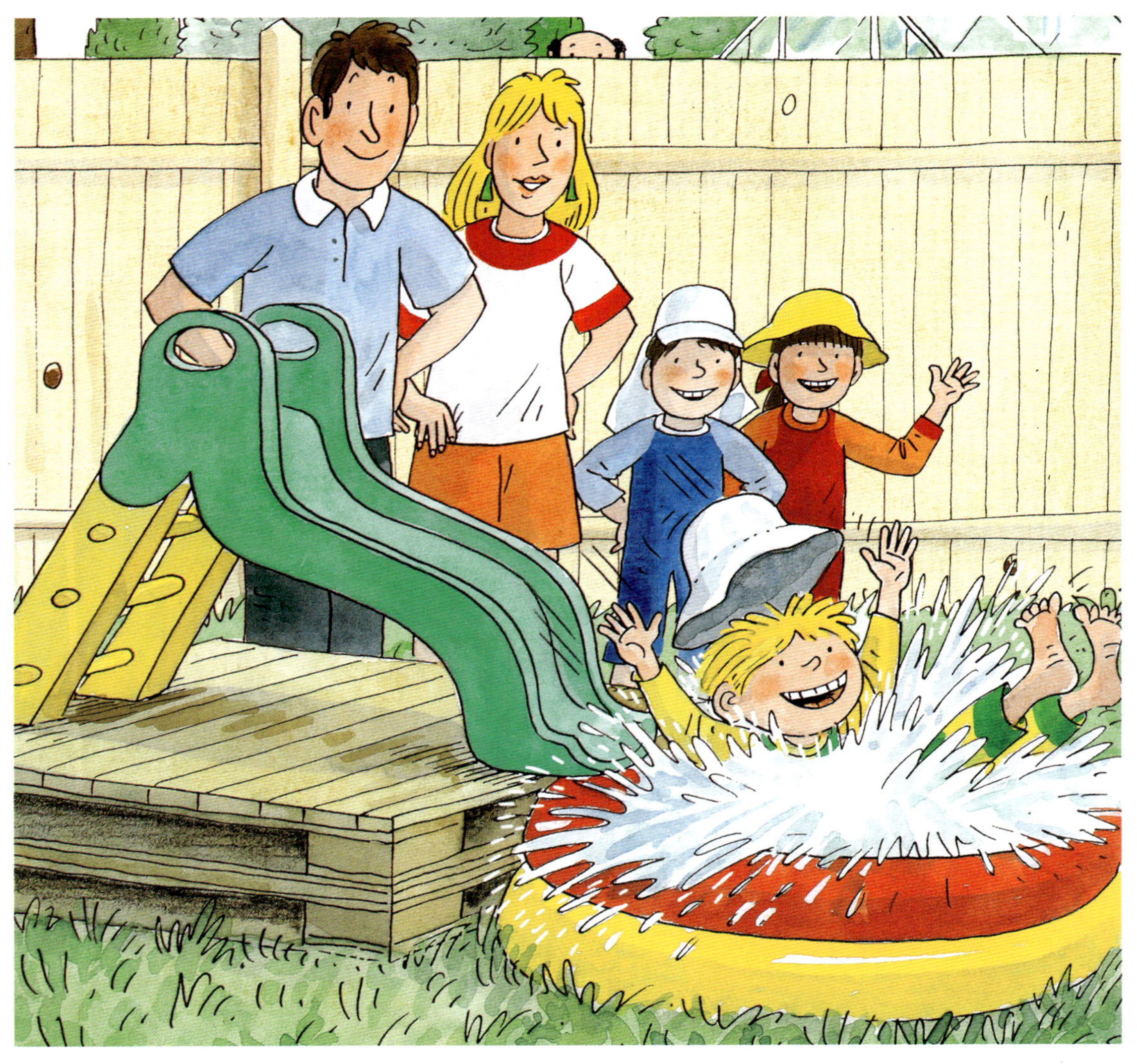

Go!

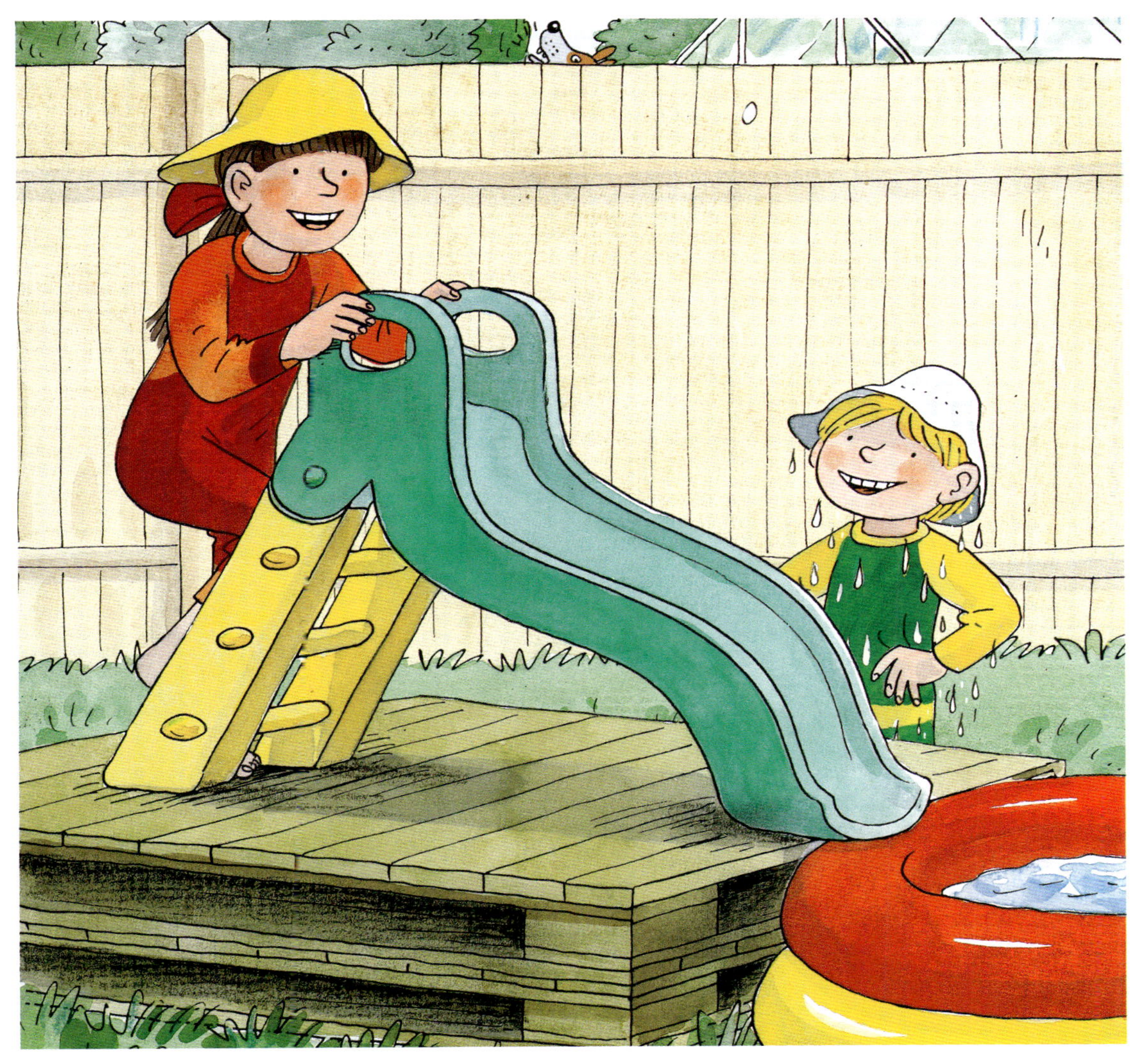

Up you go, Biff.

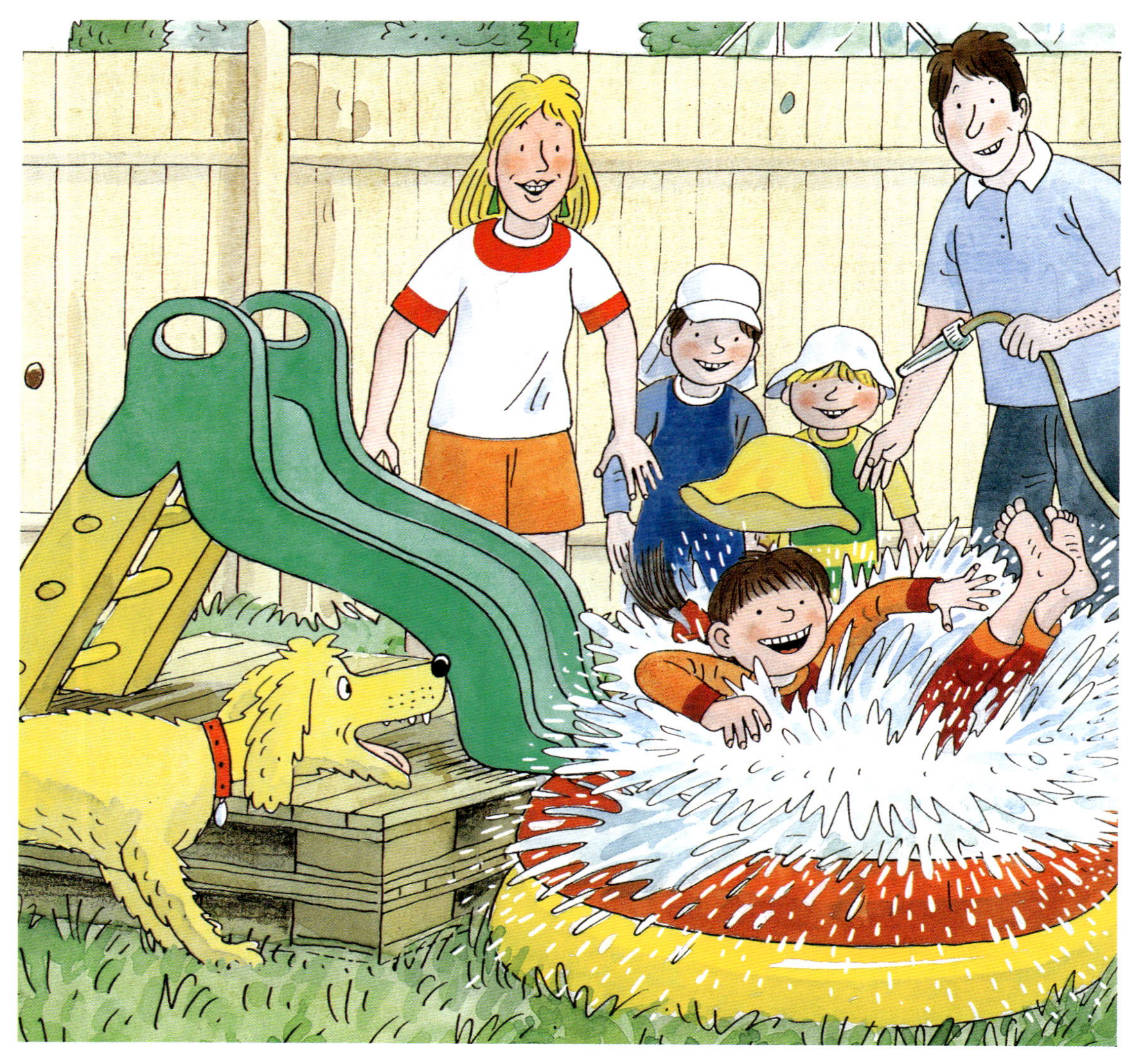

Go, go!

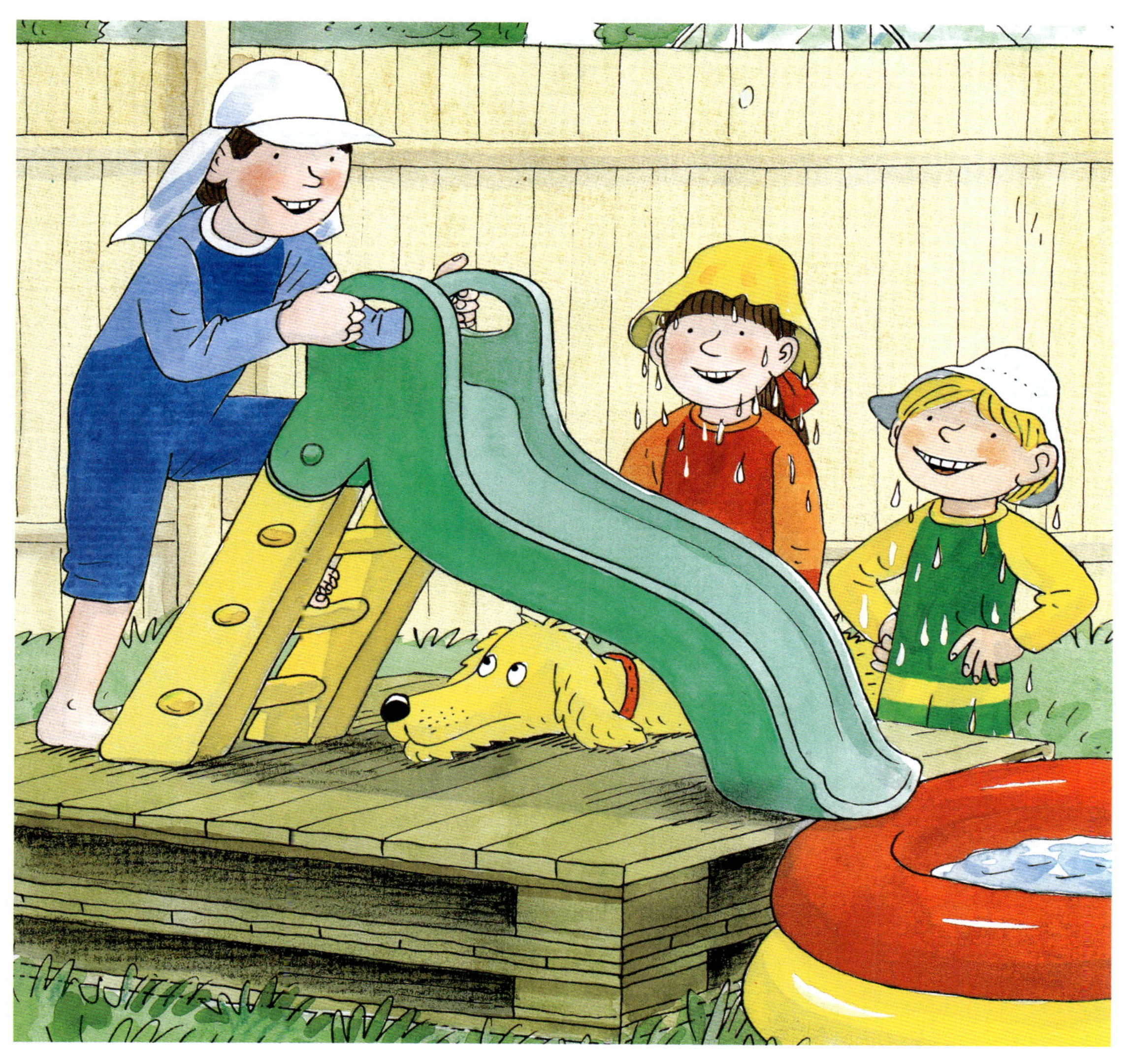

Chip, up you go.

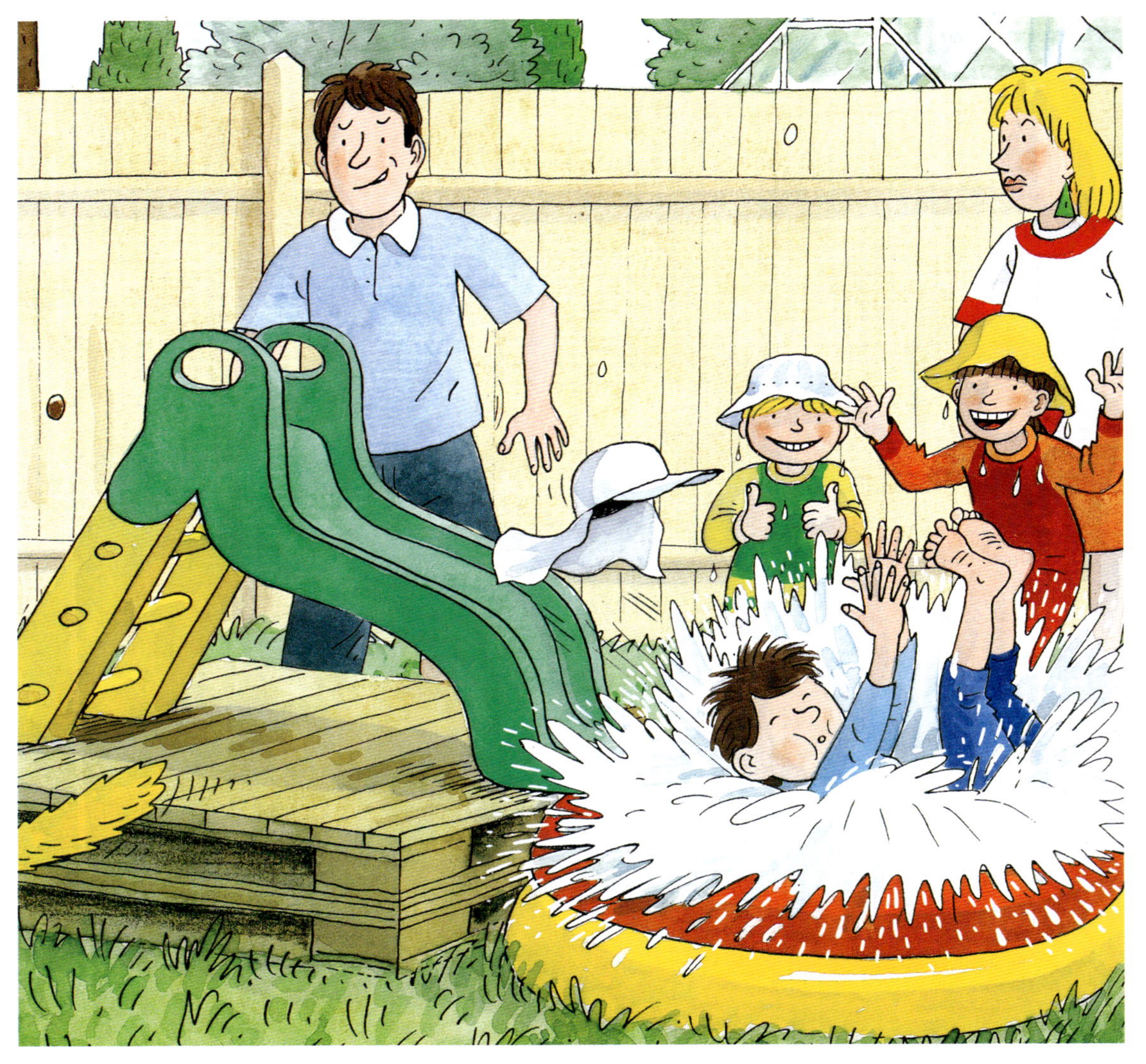

Go, go, go!

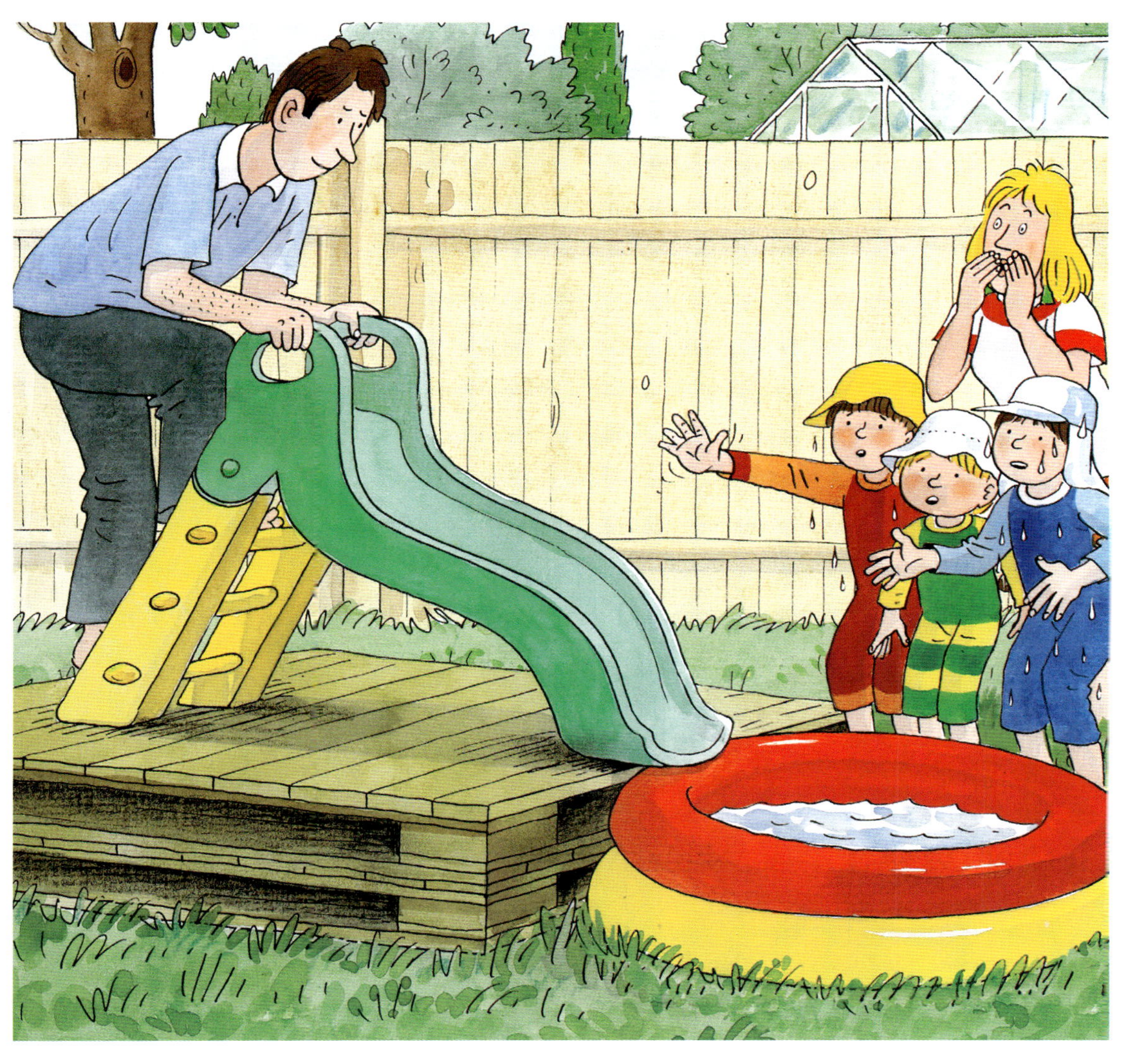

No, Dad.

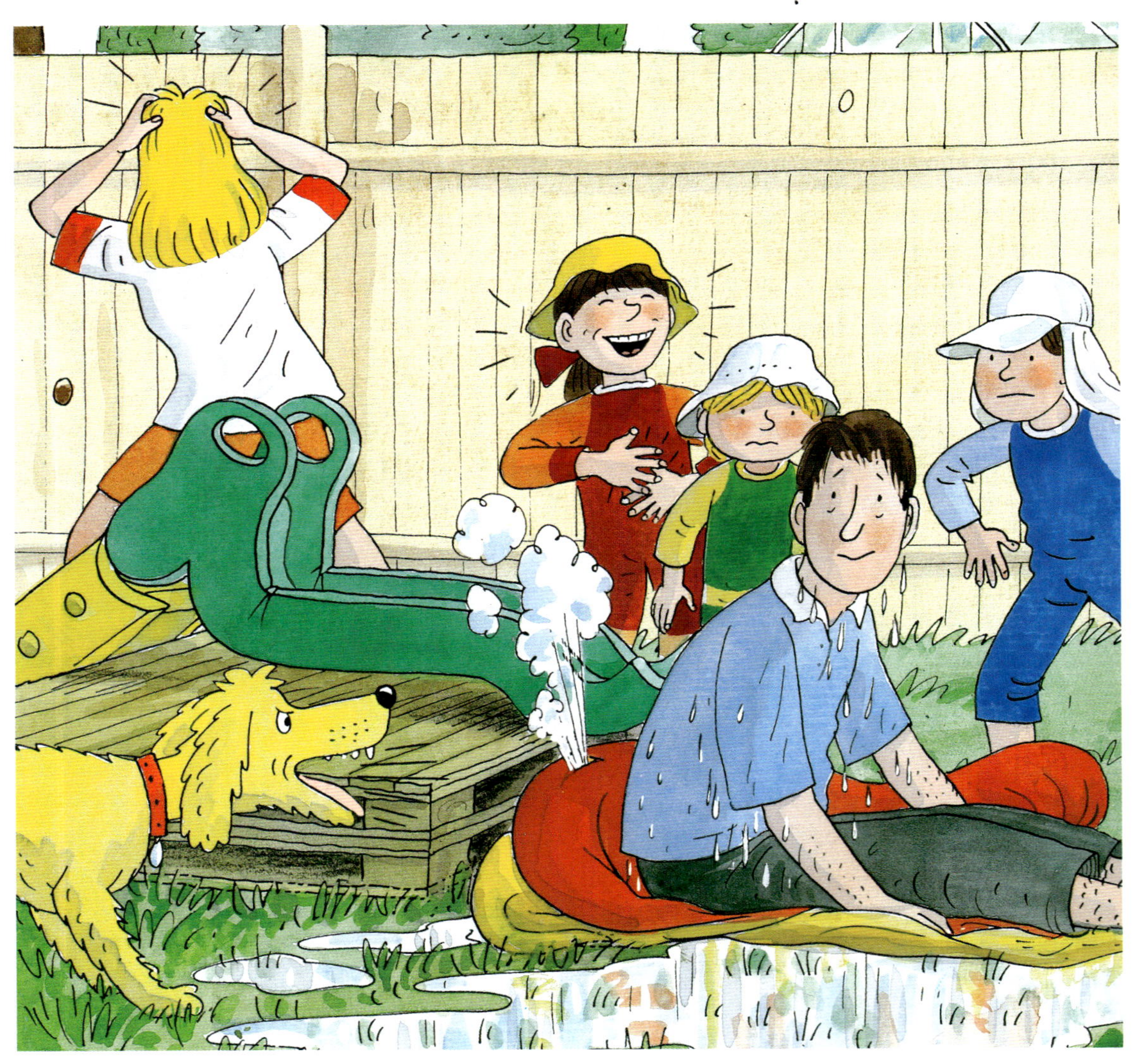

No, no, no!